# Inhalt

**Wer ist die stärkste Allianz am Himmel? - Fluggesellschaften stellen sich neu auf**

Kernthesen

Beitrag

Fallbeispiele

Zahlen und Fakten

Weiterführende Literatur

Impressum

ND# Wer ist die stärkste Allianz am Himmel? - Fluggesellschaften stellen sich neu auf

*Autor GENIOS BranchenWissen: M.Klems*

## Kernthesen

- Star Alliance bildet mit 19 Partnergesellschaften den größten Verbund von Airlines weltweit.
- Oneworld unter der Führung von British Airways und American Airlines strebt die Marktführerschaft an.
- Der U.S. Markt öffnet sich für die Verbünde der Fluggesellschaften.

## Beitrag

Der Druck durch steigende Kosten bei den Treibstoffen und die Konkurrenz durch Billig-Flieger zwingt die Großen der Flugbranche zu Synergiemaßnahmen. Dabei hat sich jedoch gezeigt, dass eine Sammlung gut bewerteter und gewinnbringender Airlines noch keine Garantie für eine schlagkräftige Allianz sein muss.

## Starker Luftverkehr in Deutschland

Mit fast 2,3 Millionen Starts, Landungen und Überflügen in den ersten neun Monaten 2006 ist der Luftverkehr in Deutschland auf neuem Rekordkurs. Im Vergleich zum Vorjahreszeitraum stiegen die Luftbewegungen damit um 4%. Die stärksten Bewegungen meldeten die Flughäfen Hamburg und Düsseldorf. Auf beiden Flughäfen erweiterte die Lufthansa das Angebot im Bereich Service und Flüge. Die meisten Airlines sind in Verbünden organisiert, um effizient und flexibel verschiedenste Flugziele bedienen zu können. Vorreiter ist die Lufthansa, die bereits in den 90er Jahren eine Vernetzung unter den Gesellschaften begann. (4)

# Star Alliance mit Vorsprung

Der Verbund unter Führung der Lufthansa stellt den größten Verbund von Fluggesellschaften weltweit dar. 425 Millionen Passagiere nutzen jährlich die Partner-Airlines des 1997 von Lufthansa und United Airlines gegründeten Verbundsystems. Mit der Hinzunahme der Turkish Airlines konnte die Star Alliance den Vorsprung zu den Konkurrenten weiter ausbauen. Die Turkish Airlines gehörte 1998 zu dem von der Swissair gegründeten Verbund Qualifyer. Nach dem Konkurs der schweizerischen Airline zerfiel der Verbund. Mit dem neuen Partner kommt die Star Alliance nun auf 19 Fluggesellschaften und steht dabei mit den Bündnissen Skyteam sowie Oneworld im Wettbewerb. Das Wachstum von Star Alliance scheint dabei ohne Grenzen. Nächstes Ziel ist der Beitritt der chinesischen Fluggesellschaften Air China und Shanghai Airlines. Die Aufnahme der Air India soll ebenfalls in Planung sein. (16), (17)

# Oneworld will mit Offensive Marktführer werden

Mit der Ankündigung einer großen Marketing- und Werbeoffensive macht der von British Airways und

American Airlines begründete Flugverbund Oneworld von sich reden. Der Verbund will damit dem führenden Zusammenschluss Star Alliance den Rang ablaufen. Die 8 Oneworld-Airlines, bestehend aus American Airlines, Aer Lingus, British Airways, Cathay Pacific, Finnair, Iberia, Lan Chile und Qantas, steuern mit 1 400 wöchentlichen Flügen acht deutsche Flughäfen an. Der Verbund wird 2007 weiter wachsen. Für April haben sich Japan Airlines, Malev Hungarian und Royal Jordanian als neue Partner für Oneworld angekündigt. Aer Lingus wird hingegen den Verbund verlassen, da er als Low Cost Carrier nicht mehr passend ist. (6), (7)

## Iberia sucht Partner

Die Konsolidierung der europäischen Fluggesellschaften führt auch bei der spanischen Iberia zur Suche nach neuen Partnern. Die Fluggesellschaft vermeldet, dass sie nicht nur ausschließlich mit British Airways zusammenarbeiten möchte. Die Verhandlungen anderer Gesellschaften, wie Alitalia mit KLM/Air France, führten bei Iberia zu dieser Neuorientierung. Durch den Zusammenschluss der Holländer und Franzosen hat Iberia die Marktführerschaft für Verbindungen in Europa und Südamerika verloren.(18), (19)

## Fluggesellschaften in Südamerika schließen sich zusammen

Lateinamerika repräsentiert derzeit 5% des weltweiten Luftverkehrs, ist aber für 10% der Verluste der Gesamtbranche verantwortlich. Sieben Länder bilden die Landbrücke zwischen Nord- und Südamerika. Die Verwendung des Flugzeugs als Transportmittel können sich viele Einwohner der Länder nicht leisten. Die wirtschaftliche Basis bilden die Auswanderer in den USA, die regelmäßig Flüge in die Heimatländer buchen. Um eine kritische Masse zu erreichen, bündeln die Fluggesellschaften Grupo Taca und Lan ihre Kräfte. Taca gelang es Anteile an Gesellschaften wie Lacsa, Aviateca, Nica und Sahsa zu übernehmen. In Peru gründete das Unternehmen die Taca Peru. Passagiere der Taca legen im Mittel rund 3 000 Kilometer mit Taca zurück. Taca kooperiert seit Mitte 2006 mit United Airlines. Zahlreiche Umsteiger der großen internationalen Airlines nutzen Taca. Die Flotte der Gesellschaft ist modern und besteht aus 32 neuwertigen Airbus-Mittelstreckenmaschinen. (5)

# Fluggesellschaften benötigen Partnerschaften für lukrative Geschäfte

Der Druck durch steigende Kosten bei den Treibstoffen und der Wettbewerb durch Billig-Flieger zwingt die Großen der Flugbranche zu Synergiemaßnahmen. Hier sind in den kommenden Monaten Übernahmen und Fusionen zu erwarten. Eine besondere Rolle spielt neben dem europäischen Markt die U.S. Flugbranche. Zahlreiche Fluggesellschaften arbeiten im amerikanischen Markt. Bislang warten Marktbeobachter seit Jahren auf eine Bereinigung innerhalb des U.S. Marktes. Mit der Ankündigung eines möglichen Zusammenschlusses von United und Continental Airlines kommt Bewegung in die Branche. Kommt es zu Großfusionen, so hat dies Auswirkungen auf den gesamten Flugmarkt. Es hat sich jedoch gezeigt, dass eine Sammlung gut bewerteter und gewinnbringender Airlines noch kein Garantie für eine schlagkräftige Allianz sein muss. (6), (14), (18)

# Fallbeispiele

## Erleichterungen für Allianzen in den USA

In den USA ist mit kartellrechtlichen Erleichterungen für das Luftfahrtbündnis Star Alliance zu rechnen. Dabei soll die Befreiung der Kartellvorschriften auch auf die Swiss International Air Lines, die polnische Fluggesellschaft LOT und die portugiesische TAP angewendet werden. Mit Erleichterungen kann auch die Kooperation von United Airlines und Air Canada rechnen. Für alle betroffenen Fluggesellschaften bringen die Erleichterungen zahlreiche zusätzliche Nonstopflüge in den USA. (8)

## Ryanair zieht Gebot für Aer Lingus zurück

Der führende Billigflieger Ryanair hat seine Offerte für die irische Fluglinie Aer Lingus zurückgezogen. Hintergrund für den Rückzieher von Ryanair sind Überlegungen der EU-Wettbewerbskommission, die Übernahmepläne eingehend zu untersuchen. Der

Billigflieger hatte in der ersten Runde der Übernahmegesprächen einen Betrag von 1,48 Milliarden Euro geboten. Beide Fluglinien bedienen rund 500 Verbindungen in Europa und transportieren mehr als 50 Millionen Passagiere pro Jahr. Aer Lingus äußerte sich positiv zur Entscheidung der EU-Kommission. (9)

## Oneworld mit einem weiteren Mitglied

Die in Hongkong beheimatete Fluggesellschaft Dragonair wird neues Mitglied beim Luftfahrtbündnis Oneworld. Die Airline Allianz unter British Airways und American Airlines zählt damit 11 Mitglieder zu Beginn des Jahres 2007. Für das Bündnis bedeutet Dragonair zahlreiche neue Anflugziele in China. (12)

## Wachstumsmeldung bei Air Berlin

Bereits nach 10 Monaten hatte Air Berlin 2006 die Vorjahreszahlen erreicht und meldete 13,3 Millionen Passagiere. Die Fluggesellschaft beförderte im Vergleich zum Oktober des Vorjahres 13,8% mehr Fluggäste. (2)

# Emirates auf Gewinnkurs

Die internationale Airline Emirates steigert den Gewinn in der ersten Hälfte des Geschäftsjahrs 2006/2007 um 29%. Für den Zeitraum April bis September 2006 erwirtschaftete die in Dubai ansässige Airline 323 Millionen Dollar. Trotz der steigenden Treibstoffkosten konnte eine anhaltende hohe Passagiernachfrage und das Frachtgeschäft dem Unternehmen diesen Gewinn bereiten. (3)

# US Airways blitzt bei Delta Air ab

Die insolvente Fluggesellschaft Delta Air Lines peilt für 2007 wieder schwarze Zahlen an. Das noch unter Gläubigerschutz (Chapter Eleven) stehende Unternehmen will dabei eigenständiges Unternehmen bleiben. Ein neuer Sanierungsplan lehnt die Übernahme des Lufthansa Partners US Airways ab. Die Fluggesellschaft will mittels des Sanierungsplans einen Abbau der Schulden auf 7,5 Milliarden Dollar von derzeit 17 Milliarden Dollar erreichen. Die Fluggesellschaft ist auf Platz 7 der Top U.S. Airlines und wäre bei einem Zusammenschluss mit Delta Air Lines größte Gesellschaft weltweit. (10)

## Qantas Verkauf mit Hindernisse

Die australische Ikone mit 37 000 Mitarbeitern soll an ein internationales Finanzkonsortium verkauft werden. Das Konsortium unter der Führung der australischen Macquarie Bank und der amerikanischen Texas Pacific Group mit dem Namen Airline Partners Australia erhielt den Zuschlag für 6,6 Milliarden Euro. Der Verkauf ist innerhalb von Qantas umstritten. Die Piloten der Airline wollen mittels eines Aktienerwerbs eine Sperrminorität erreichen. Die 1920 gegründete Fluggesellschaft gehört zu den wenigen weltweit arbeitenden Airlines , die in der Krise nach den Terroranschlägen des 11. September 2001 profitabel geblieben sind. Das Unternehmen verzeichnet seit 14 Jahren kontinuierlich Gewinne. Die letzte Meldung lag bei einer Gewinnsteigerung für 2006 von 25-30% gegenüber dem Vorjahr in der Höhe von rund 475 Millionen Euro. (11), (13)

## Alitalia mit Verlusten

Für 2005 meldet die italienische Fluggesellschaft einen Verlust von 300 Millionen Euro. Bislang wurde von einem Verlust von rund 200 Millionen Euro ausgegangen. Der Staat Italien plant zudem den Verkauf seines Anteils an der Fluggesellschaft. (15)

## Zahlen & Fakten

Top 25 Fluggesellschaften nach Passagieraufkommen 2005

| Rang | Fluggesellschaft | Passagiere in Millionen |
|---|---|---|
| 1 | Delta Air Lines | 118,90 |
| 2 | American Airlines | 98,00 |
| 3 | Southwest Airlines | 77,70 |
| 4 | Air France-KLM Group | 70,00 |
| 5 | United Airlines | 66,70 |
| 6 | Japan Airlines | 58,00 |
| 7 | Northwest Airlines | 56,50 |
| 8 | Lufthansa | 51,30 |
| 9 | All Nippon Airways | 49,90 |
| 10 | Continental Airlines | 44,90 |
| 11 | China Southern Airlines | 44,10 |
| 12 | US Airways | 40,00 |
| 13 | British Airways | 35,60 |
| 14 | Qantas Airways | 32,70 |
| 15 | Air Canada | 30,00 |
| 16 | Air China | 27,70 |
| 17 | Iberia Airlines | 27,70 |
| 18 | Alitalia | 23,90 |
| 19 | America West Airlines | 22,10 |
| 20 | Korean Air | 21,70 |
| 21 | Thai Airways | 18,10 |
| 22 | Malaysia Airlines | 17,90 |
| 23 | Singapore Airlines | 17,00 |
| 24 | Cathay Pacific | 15,40 |
| 25 | Emirates | 14,50 |

Quelle: US DoT Form 41, Unternehmensangaben, Pressemitteilungen

Entnommen aus: Airline Business, 08/2006, S. 78 (20)

# Weiterführende Literatur

(1) Guter Schnitt
aus Frankfurter Allgemeine Zeitung, 22.12.2006, Nr. 298, S. 20

(2) Air Berlin wächst weiter
aus Frankfurter Allgemeine Zeitung, 11.11.2006, Nr. 263, S. 22

(3) Emirates auf Erfolgskurs
aus Frankfurter Allgemeine Zeitung, 11.11.2006, Nr. 263, S. 22

(4) Luftverkehr wächst kräftig
aus Frankfurter Allgemeine Zeitung, 02.11.2006, Nr. 255, S. 16

(5) Im Zeichen des Papageis
aus Frankfurter Allgemeine Zeitung, 26.10.2006, Nr. 249, S. R2

(6) Luftgefechte
aus Frankfurter Allgemeine Zeitung, 26.10.2006, Nr. 249, S. R2

(7) Oneworld startet Kampagne
aus Frankfurter Allgemeine Zeitung, 12.10.2006, Nr. 237, S. 21

(8) Kartell-Erleichterungen
aus Frankfurter Allgemeine Zeitung, 21.12.2006, Nr.

297, S. 16

(9) Ryanair zieht Gebot für Aer Lingus vorerst zurück
aus WirtschaftsWoche online vom 20061221, 07:31:22

(10) Delta Air lehnt Angebot von US Airways ab
aus Handelsblatt Nr. 246 vom 20.12.06 Seite 16

(11) Piloten wollen Qantas-Verkauf an Finanzinvestoren blockieren
aus Handelsblatt Nr. 245 vom 19.12.06 Seite 16

(12) Dragonair tritt Oneworld bei
aus Frankfurter Allgemeine Zeitung, 18.12.2006, Nr. 294, S. 19

(13) Finanzinvestoren fliegen auf Qantas
aus Handelsblatt Nr. 243 vom 15.12.06 Seite 12

(14) Im Fusionsfieber
aus Handelsblatt Nr. 242 vom 14.12.06 Seite 8

(15) Alitalia verliert in diesem Jahr 300 Millionen Euro
aus Handelsblatt Nr. 242 vom 14.12.06 Seite 14

(16) Turkish Airlines tritt Flugbündnis bei Star Alliance baut Vorsprung am Himmel aus
aus HANDELSBLATT online 07.12.2006 15:31:01

(17) Turkish Airlines wird in die Star Alliance aufgenommen
aus Frankfurter Allgemeine Zeitung, 09.12.2006, Nr. 287, S. 17

(18) Iberia sucht einen Partner in Europa

aus Handelsblatt Nr. 233 vom 01.12.06 Seite 21

(19) Iberia streitet mit British Airways
aus Frankfurter Allgemeine Zeitung, 01.12.2006, Nr. 280, S. 16

(20) International: Top 50 Fluggesellschaften 2005
aus Airline Business, 08/2006, S. 78

# Impressum

## Wer ist die stärkste Allianz am Himmel? - Fluggesellschaften stellen sich neu auf

**Bibliografische Information der deutschen Nationalbibliothek**

Die Deutsche Nationalbibliothek verzeichnet diese Publikation in der deutschen Nationalbibliografie; detaillierte bibliografische Daten sind im Internet über http://dnb.d-nb.de abrufbar.

ISBN: 978-3-7379-3034-5

© 2015 GBI-Genios Deutsche Wirtschaftsdatenbank GmbH, Freischützstraße 96, 81927 München, www.genios.de

Alle Rechte vorbehalten. Dieses Werk ist einschließlich aller seiner Teile – z.B. Texte, Tabellen und Grafiken - urheberrechtlich geschützt. Jede Verwertung außerhalb der Grenzen des Urheberrechtsgesetzes bedarf der vorherigen Zustimmung des Verlags. Dies gilt insbesondere auch für auszugsweise Nachdrucke, fotomechanische

Vervielfältigungen (Fotokopie/Mikroskopie), Übersetzungen, Auswertungen durch Datenbanken oder ähnliche Einrichtungen und die Einspeicherung und Verarbeitung in elektronischen Systemen.